Learn French
Bilingual Book
The Adventures of Julius Caesar
French - English

© Bilinguals

www.bilinguals.ink

Discover the Fun, Addictive Way to Learn French!

Introducing Our New Bilingual Text Series
Each Unique Story is Inspired by a Historical Figure & Written in Modern Language for Readers of All Ages to Enjoy!

Looking for a fun way to learn French? We've got the book series for you!

Our new bilingual text series features books written French for all skill levels. Translated sentence by sentence, the corresponding English translation is placed below the original French sentence so you can easily compare the vocabulary and sentence structure. We have found this presentation technique creates a fun and motivating way to learn, with many readers saying the learning experience is similar to putting a puzzle together. Our readers learn a new language faster, because they are reading content that interests them and the sentence by sentence translation guarantees that the natural reading flow is not interrupted.

Learn Two Things At Once!
Using modern language, we present fresh views on exciting and important historical events, so that not only do you learn a new language, but you also gain valuable general knowledge.

With this edition you get:
• Translations that use modern, "chatty" language so that you better understand what's written and learn words people actually use today!
• Stories written to entertain you. They are funny, interesting AND they carry educational value so you'll want to keep reading and learning!
• Stories told by different characters in the first person – this unique story-telling method will keep you engaged and make your reading experience even more enjoyable!
• Content that is based on facts so that you increase your general knowledge, while also learning a new language!

Other Books from this Series:

Learn French - Bilingual Book
The Life of Cleopatra

Learn French - Bilingual Book
The Adventures of Julius Caesar

Learn French - Bilingual Book
Vercingetorix vs Caesar
The Battle of Gaul

Learn French - Bilingual Book
The Starry Night

Table of Contents

BILINGUAL

Le jeune Jules César
The Young Julius Caesar

Mon sourire avait une drôle de manière de m'ouvrir les portes.
My smiling face had a funny way of opening doors for me.

Toutes les mères de mes amis pensaient que j'étais de loin le jeune homme le plus mignon, et mes bonnes manières ne me desservaient également pas.
All the mothers of my friends thought I was just the cutest young boy and my good manners didn't hurt either.

Alors que je frappais à la grande porte en bois de la maison de mon ami Jules César, sa mère Aurelia Cotta me fit entrer dans la maison.
When I knocked on the large wooden door at the home of my buddy Julius Caesar, his mother Aurelia Cotta ushered me into the house.

"Bienvenue Flavio", lâcha-t-elle avec un sourire.
"Welcome Flavio," she exclaimed with a grin.

"Jules est tellement chanceux d'avoir un ami comme toi."
"Julius is so blessed to have a friend like you."

Reconnaissant, j'ai accueilli ses gentils mots avec un hochement de tête (et un grand sourire bien sûr), je me suis ensuite dirigé vers le patio où je savais que Julius jouait.

I graciously accepted her kind words with a nod of my head (and a big smile of course) then headed for the courtyard, where I knew Jules would be playing.

La maison de Jules était plutôt grande en comparaison des maisons romaines.

Julius's house was pretty big as Roman houses go.

En tout cas pas la plus grande de Rome, mais elle était au moins impressionnante.

Not the largest in Rome, by any means, but impressive just the same.

Le père de Jules était Gaius Julius César.

Julius's father was Gaius Julius Caesar.

Il était un magistrat connu et l'ancien gouverneur d'Asie.

He was a well-known magistrate and former governor of Asia.

Aurelia Cotta venait aussi d'une des meilleures familles de Rome, c'est pourquoi la famille de César n'était pas pauvre.

Aurelia Cotta was also from one of the better families in Rome so Caesar's family was not poor.

Leur maison se trouvait sur une grande colline avec vue sur la ville en-dessous.

Their house sat on a large hill overlooking the city below.

Lorsque j'ai trouvé Jules, il s'amusait tout seul avec un jeu d'astragale.

9

When I found Julius he was amusing himself with a game of knucklebones.

Le jeu se joue avec des petits morceaux d'os de moutons ou de chèvres.
The game is played using the small knuckle bones of sheep or goats.

L'objectif de ce jeu est de jeter une poignée d'os dans les airs et d'en rattraper le plus possible sur le dessus de la main.
The object of the game is to throw a handful of knuckles into the air and have as many of them as possible land on the back of your hand.

Plus on utilise d'os, plus cela est difficile.
The more knuckles you used the more difficult.

Comme tu peux peut-être l'imaginer, ce n'était pas un jeu facile, mais Jules semblait apprécier le défi.
As you might imagine, it wasn't an easy game to play but Julius seemed to be enjoying the challenge.

"Oh, Flavio", cria Julius.
"Oh Flavio," yelled Julius.

"Je suis tellement content de te voir.
"I am so glad to see you.

J'étais en train de devenir fou, car je n'ai personne avec qui jouer.
I was beginning to go crazy having no one to play with.

Bon, personne en dehors de ma sœur Julia – et la

perspective de jouer à nouveau avec des poupées est bien plus que je ne pourrais supporter. "

Well, no one but my sister Julia and the thought of playing with dolls again was just too much for me to endure."

"Maintenant, nous pouvons jouer à la guerre. Toi, Flavio, tu es l'ennemi de Rome et je serai le grand César. Le meilleur soldat que Rome ait jamais vu ! ".

"Now we can play a game of war. You Flavio can be the enemy of Rome and I will be the Great Caesar. The finest soldier Rome has ever seen!"

J'allais de suite me plaindre de devoir toujours jouer l'ennemi lorsque Jules me jeta une épée en bois provenant de sa boîte à jeux ; la poignée de l'arme atterrit à quelques centimètres de mes pieds.

I was just about to complain about always being the enemy when Julius tossed me a wooden sword from his toy box; the handle of the blade landed inches from my feet.

Durant la seconde suivante, Jules avait déjà sorti sa propre épée de la boîte et chargeait contre moi comme un taureau fou.

As the next second passed, Julius had already pulled his own sword from the box and was charging me like a raging bull.

J'étais grand pour un garçon de dix ans et Jules était bien plus petit, mais je savais que si je n'agissais pas rapidement, je me serais retrouvé sur le dos à cause du Grand César, demandant grâce.

I was a big boy for ten and Julius was much smaller but I knew if I didn't act quickly the Great Caesar would have be on my back begging for mercy.

Je me suis rapidement courbé pour attraper mon épée et détourna le premier coup de César avec le bord de ma lame.
I bent over quickly to pick up my sword and deflected Caesar's first blow with the edge of my blade.

Notre grande bataille dura au moins cinq minutes avec des épées s'écrasant l'une contre l'autre, jusqu'à ce que je batte finalement en retraite.
Our big battle lasted for at least five minutes with swords crashing into one another until I finally retreated.

A la fin, comme prévu, le Grand César fut victorieux.
In the end, as expected, the Great Caesar remained victorious.

"Y'a-t-il quelque chose à manger ? ", demandais-je en frottant mon estomac.
"Is there anything to eat," I asked, rubbing my stomach with hunger.

"Je pense que le Grand César peut trouver un morceau ou deux pour les vaincus", dit Jules en riant. "Que penses-tu d'un bol de figues et de miel ? "
"I think the Great Caesar can find a morsel or two for the defeated", said Julius laughing. "How does a bowl of figs and honey sound?"

J'ai suivi César du patio jusqu'à l'arrière de la maison, où la culina ou cuisine se trouvait.
I followed Caesar from the courtyard to the back of the house where the Culina or kitchen was located.

Dans la cuisine de César, seulement des esclaves

cuisinaient les plats mais aujourd'hui, la petite pièce était vide.
In Caesar's kitchen only slaves cooked meals but today the small room was empty.

"Ils doivent être dans le jardin pour collecter des herbes pour le repas de ce soir", dit Jules.
"They must be in the garden collecting herbs for tonight's meal," said Julius.

"On dirait que nous devrons nous-même nous servir."
"We will have to help ourselves it seems."

Alors que nous étions tous les deux occupés à chercher le pot de miel dans le garde-manger, un rire familier retint notre attention.
While the two of us were busy looking in the pantry for the pot of sweet honey some familiar laughter caught our attention.

Derrière nous entra à ce moment-là la sœur de Jules, Julia, avec son amie Cornélia.
Behind us just entering the room was Julius's sister Julia and her good friend Cornelia.

"Oh mon Dieu, c'est seulement mon horrible sœur, " se plaignit César.
"Oh God, it's just my ugly sister," Caesar complained.

"Comment oses-tu me parler ainsi ?", répondit Julia.
"How dare you address me in such a manner," Julia responded.

Avant que Jules ne puisse parler à nouveau, une grande cuillère de cuisine en bois vola dans les airs, le touchant directement sur le derrière.

Before Julius could speak again a large wooden stirring spoon came flying through the air, hitting him directly on his backside.

"Dans le mille! ", cria Julia.
"Bull's-eye," Julia shouted.

César, en représailles, commença à chasser les filles tout autour de la cuisine en m'encourageant à joindre la bataille.
Caesar, in turn, started chasing the girls around the kitchen encouraging me to join the battle.

Alors que je suivais Jules comme un bon soldat, j'ai remarqué qu'il dépensait toute son énergie à essayer d'attraper Cornélia, et non Julia.
As I followed Julius like a good soldier I noticed he was spending all of his energy trying to catch Cornelia and not Julia.

Quand il l'attrapa finalement et qu'il la prit pas le bras, la jeune Cornélia protesta.
When he finally caught up with her and took her by the arm, the young Cornelia objected.

"Ce n'est pas moi que tu veux Jules."
"It's not me that you want Julius."

"Ce n'est pas vrai", dit César, après quoi tout le monde se mit à pouffer et à rire.
"Not true," Caesar said, whereupon everyone began to giggle and laugh.

Cornélia commença aussi à rougir.
Cornelia was also beginning to blush.

Alors les deux filles s'éloignèrent vers la maison, nous laissant tous les deux avec notre miel.
With that both girls scampered off into the house leaving the two of us to our honey.

"Une autre bataille remportée", ai-je fait remarquer à César, alors que nous mangions.
"Another battle won," I commented to Caesar as we ate.

"Presque remportée", continua-t-il.
"Almost won," he continued.

"Mais je vais un jour me marier avec cette fille."
"But I will marry that girl one day."

Je l'ai cru sans l'ombre d'un doute.
I believed him without a doubt.

Mon ami Jules n'était pas juste un garçon ordinaire.
My friend Julius was not just another ordinary boy.

Il y avait quelque chose de différent chez lui.
There was something about him that was different.

Le temps allait nous dévoiler l'histoire.
Time would tell the tale.

———————

Lorsque Jules avait seulement quinze ans, son père mourût et peu après sa vie entière commença à changer.
When Julius was only fifteen years of age, his father died and soon after his whole world began to change.

Jusque là, nous étions restés proches, mais après la mort de son père, nous nous sommes éloignés.
We had been close up until then but after his father's death we slowly grew apart.

J'étais occupé à travailler dans la plantation de ma famille et me souciais des vignes, et Jules commença une carrière dans l'armée.
I was busy working on my family's plantation helping tend the vineyards and Julius was beginning a new career with the army.

Ses exploits comme soldat et commandant étaient le sujet des discussions de la ville.
His exploits as a soldier and then as a commander were the talk of the town.

Malgré son jeune âge, Jules est rapidement devenu un grand soldat et, plus important encore, un grand meneur.
Despite his young age Julius quickly became a great soldier and more importantly, a great leader.

Pendant les premières années, il y eut des rumeurs sur son mariage mais, pour des raisons inconnues, le mariage ne se fit jamais.
There had been a rumour in those early days that he was to marry but, for reasons unknown to most, the marriage never occurred.

Mais la raison était claire à mes yeux.
However, the reason was quite clear to me.

Elle n'était tout simplement pas son grand amour.
She simply wasn't his true love.

Plusieurs années plus tard, à l'âge de dix-huit ans, Jules César s'est enfin marié.

Several years later at the age of eighteen Julius Caesar finally did marry.

La jeune mariée était la même fille qu'il avait pourchassée il y avait si longtemps dans la cuisine de son père : Cornélia !

The bride was the very same girl he had chased so long ago in his father's kitchen; Cornelia!

Enlevé
Kidnapped

Le jeune Jules César se trouvait à la proue du navire marchand romain de céréales et regardait la mer devant lui.
The young Julius Caesar stood at the bow of the roman grain ship and looked out at the sea before him.

Le garçon dont je m'occupais depuis quelques années était devenu un homme très beau.
The boy I cared for years ago had grown quickly into a very handsome man.

En tant que son médecin personnel, je ne savais que trop bien quel homme capable Jules était devenu.
As his personal physicianI knew all too well how capable a man Julius had become.

Mais sa mère, qui se faisait toujours des soucis inutiles, s'imaginait que César ne pouvait pas nouer les lacets de ses sandales sans avoir une légion pour l'aider à ses côtés!
But his mother, a bit of a worry wart, had the idea that Caesar couldn't tie the laces of his sandals without a legion of helpers at his side!

J'avais été engagé pour surveiller l'enfant.
I was hired to babysit.

Le brouillard épais de la matinée commençait à se dissiper.
The heavy fog from earlier that morning was just beginning to lift.

Je rejoignis César sur le pont et nous avons regardé calmement tous les deux la percée du soleil à travers les nuages.
I joined Julius on the deck and we both quietly watched the sun break through the clouds.

Il était en route pour l'île de Rhodes afin d'étudier la philosophie, et j'avais été envoyé sur ce voyage avec lui par sa mère.
He was on his way to the island of Rhodes to study philosophy and I had been sent with him on this journey by his mother.

Ce voyage à Rhodes devait être une courte mais bienvenue retraite pour tous les deux loin des sollicitations quotidiennes d'une ville de Rome trépidante.
This trip to Rhodes would be a short but welcome retreat from the daily demands of a busy Rome for both of us.

Jules s'était assis sur un petit baril de rations et commença à lire un livre qu'il avait retiré de son manteau, et c'est alors que l'action a débuté.
Julius had just settled down on a small keg of rations and was starting to read a book he had pulled out from under his cloak and that's when the action began.

J'allais le laisser à ses études lorsqu'un coup bruyant et inquiétant vint secouer le navire.

I was about to leave him to his studies when a loud and disturbing thud shook the ship.

Si Jules n'avait pas été aussi fort et rapide, ce vieux docteur aurait été projeté au-dessus du navire sur le côté jusque dans la mer.
If it hadn't been for Julius's strength and speed this old doctor might have been thrown right over the side of the ship and into the sea.

J'ai murmuré un rapide Merci alors qu'il m'aidait à me remettre sur pied.
I mumbled a quick thank you as he steadied meon my feet.

Nous nous sommes ensuite tous les deux retournés pour voir ce qui avait provoqué ce grand bruit et nous vîmes un plus petit bâteau sous pavillon étranger, qui se trouvait à l'est de notre poupe.
Then we both turned to see what had caused such a loud noise and saw a smaller ship boasting a foreign flag hugging the east side of the stern.

Pris par suprise, nous nous sommes soudainement retrouvés au milieu d'un groupe peu accueillant de pirates brandissant des épées.
Caught by surprise, we were suddenly in the unwelcome company of sword wielding pirates!

Un ami, qui accompagnait également Jules lors de ce voyage, sortit en titubant de la cale vers le pont.
A friend, who was also accompanying Julius on this trip, staggered to the deck from the hull below.

Son nom était Caro et il possédait une plantation pas loin de la ville de Rome.

His name was Caro and he owned a plantation not far from the city of Rome.

Nous étions tous trois pétrifiés en silence alors que la bande de pirates ciliciens embarquait sur la bâteau à céréales.
The three of us stood frozen in silence as the band of Cilician pirates boarded the grain ship.

Nous avons tout de suite deviné que les pirates n'étaient pas intéressés par les céréales de valeur dans les cales du navire.
We knew immediately that the pirates were not interested in the valuable grain in the hull of the ship.

A la place des céréales, ces pirates ont montré leur intérêt pour César lui-même et pour la rançon importante qu'ils pourraient en tirer.
Instead of wheat these pirates directed their interest to Caesar himself and the sizeable ransom they could get for his release.

Jules était un homme brave et courageux mais il savait qu'il était en infériorité numérique par rapport aux intrus.
Julius was a brave and courageous man but he understood he was outnumbered by the intruders.

Les pirates ciliciens étaient une épine dans le pied de Rome depuis des années déjà.
The Cilician pirates had been a thorn in the side of Rome for years now.

Mais ils constituaient un problème que les armées romaines ignoraient souvent, car ils apportaient esclaves et labeur gratuit aux nobles romains.

However, they were a problem the Roman armies often ignored because they brought the Roman nobility slaves and free labour.

Mais maintenant, avec une épée coupante dangereusement tenue à côté de la gorge de César, cela semblait une bien mauvaise pratique que celle d'ignorer les pirates.
But now, with a sharp sword held dangerously close to Caesar's throat, the habit of ignoring the pirates seemed a poor practice.

Le pirate qui était clairement le chef approcha finalement de Jules.
The pirate who was clearly the leader eventually approached Julius.

Il avait un méchant sourire sur le visage.
He had a wicked smile on his face.

Je savais qu'il était le chef, parce qu'il parlait le plus et qu'il avait un ventre plus gros que les autres.
I knew he was the leader only because he talked the most and carried a belly bigger than the rest.

Il s'agissait d'un homme qui aimait clairement donner des ordres plutôt que de les recevoir.
He was a man who clearly enjoyed giving orders more than taking them.

"Mon cher Jules César, nous nous rencontrons enfin.
"My dear Julius Caesar, we finally meet.

Je suis triste que ce ne soit pas dans de meilleures circonstances mais les hommes de commerce, comme moi, doivent frapper quand l'opportunité se

présente."
I am sad it could not be under better circumstances but men of commerce, like myself, need to strike when the opportunity presents itself."

"Bien sûr", répondit César.
"Of course", Caesar responded.

"Mais je suis surpris que, avec ta grosse taille, tu n'aies pas fait couler le navire et tout ce qu'il y a dessus lorsque tu es monté à bord aujourd'hui."
"But I am surprised considering your great size that you didn't sink this ship and all on it when you boarded her today."

Le chef des pirates commença à rire.
The leader of the pirates began to laugh.

"César, je savais que tu aurais de la valeur pour moi, mais je n'avais jamais pensé que tu serais amusant. Nous allons non seulement gagner une belle somme de vingt talents pour ta libération, mais nous allons également apprécier une ou deux plaisanteries."
"Caesar, I knew you would be valuable to me but I never imagined you would be entertaining. Not only will we earn a hefty sum of twenty talents for your return but we will enjoy a joke or two as well."

"Vingt talents, cria César avec énervement. Qui pensez-vous donc enlever ? Je vaux le double. Je peux vous garantir cinquante talents pour ma libération!"
"Twenty talents, Caesar shouted angrily. Who do you think you are kidnapping, anyway? I am worth twice that much. I will guarantee you fifty talents for my release!"

Les pirates, qui recherchaient toujours une bonne affaire, acceptèrent l'offre de César immédiatement et sans aucune discussion.

The pirates who were always in search of a good deal accepted the offer from Caesar right away and without argument.

Les pirates ont ensuite fait débarquer César et moi-même du bâteau de céréales pour le navire des pirates.

The pirates then took Caesar and I off the grain ship and onto the pirate ship.

Caro a été relâché.

Caro was left behind.

Sa tâche était d'aller à la prochaine ville et de récolter la rançon.

It was his job to travel on to the closest city and raise the ransom.

Pendant les trente-huit jours suivants, Jules et moi-même étions captifs sur le navire des pirates.

For the next thirty eight days Julius and I were held captive on the pirate's ship.

Alors que les jours passaient, j'étais surpris de voir à quelle rapidité César devenait ami avec ses ravisseurs.

As the days passed I was surprised to see how quickly Caesar made friends with his kidnappers.

Il passait tout son temps à raconter des plaisanteries et à les faire rire.

He would spend all of his time telling jokes and making them laugh.

Il leur lisait de la poésie et leur récitait des discours.
He read them poetry and recited speeches.

Si quelqu'un critiquait ses performances, il réagissait en les traitant de sauvages et en menaçant de les pendre en punition.
If anyone criticised his performances he would respond by calling them savages and threatened to hang them all as punishment.

Sa voix en retour amusait les pirates et ils le prenaient plus pour un simplet que pour un sage.
The pirates, on the other hand, viewed Caesar's tongue with amusement thinking him more simple than wise.

Après trente-huit jours, Caro revint, la rançon avait été payée et on nous a rendu notre liberté.
After thirty-eight days Caro returned, the ransom was paid and we were given our freedom.

A ma suprise, plutôt que de poursuivre le voyage jusqu'à Rhodes, César se dirigea vers Milet où il paya navires et hommes pour prendre les pirates en chasse.
Much to my surprise, instead of continuing his trip to Rhodes, Caesar proceeded to Miletus where he hired ships and men to give chase to the pirates.

Entre-temps, sur le navire des pirates, le gros pirate et son équipage avait déjà oublié le jeune César.
Meanwhile, back on the pirate ship, the fat pirate and his crew had already forgotten about the young

Caesar.

Ils étaient occupés à célébrer leur victoire lorsque soudainement un coup bruyant et inquiétant vint toucher le navire.
They were busy celebrating their victory when suddenly a loud and disturbing thud shook the ship.

Le gros pirate et son sac avec l'argent de la rançon volèrent dans les airs, s'écrasant contre un mur et retombant sur le sol.
The fat pirate and his bag of ransom money went flying through the air, crashing into a wall and falling to the floor.

Lorsqu'il se précipita sur le pont pour voir ce qui signifiait toute cette agitation, il fut horrifié lorsqu'il vit qu'un gros navire de guerre romain avait éperonné le côté de son bâteau.
When he rushed up onto the deck to see what all the commotion was about he was horrified to see a big Roman warship had rammed the side of his vessel.

La roue avait soudainement tourné!
The tables had suddenly turned!

Devant lui se tenait César, énervé, qui agitait son épée dans les airs avec une centaine de soldats romains derrière lui.
Standing before him was Caesar waving his sword angrily in the air with a hundred Roman soldiers behind him.

Une courte bataille se déroula et tous les pirates furent capturés.
A short battle took place and all the pirates were

captured.

César a été un homme de parole.
Caesar had been a man of his word.

Comme promis, chacun des pirates fut mis à mort.
As promised, each and every one of the pirates was put to death.

César, de son côté, sortit de la bataille avec rien de plus qu'une égratignure.
Caesar, on the other hand, escaped the battle with no more than a scratch.

Alors que je bandais sa petite blessure, César regarda son vieux docteur.
While I was bandaging his small wound, Caesar looked down at his old doctor.

Tenant étroitement un sac plein de pièces, il dit,
Holding tightly to a bag of coins he spoke,

"Je t'ai dit que je valais cinquante talents."
"I told you that I was worth fifty talents."

"César venait juste d'avoir le dernier mot! " pensais-je.
Caesar, I thought to myself, had just had the last laugh!

Macresco
Macresco

J'avais à peine douze ans lorsqu'on m'avait envoyé travailler comme esclave avec les employés de tente sur la campagne militaire de César en Gaule.
I was barely twelve years old when they sent me to work as a slave with the tent keepers on Julius Caesar's military campaign in Gaul.

Le nom que les Romains m'avaient donné était Macresco, frêle en latin.
The name given to me by the Romans was Macresco, which is Latin for skinny.

Lorsque j'ai rencontré pour la première fois mon maître, le grand César, il m'a dit "Tu es si frêle que lorsque tu te mets de profil, tu disparaîs!"
When I first met my master, the great Caesar, he said "You're so skinny when you turn sideways you disappear!"

Ma stature petite et frêle était amusante pour certains, mais je m'assurais de toujours faire le travail.
My small thin frame was amusing to some, but I always managed to get the job done.

Jules César était très gentil avec moi et appréciait le travail que je produisais.
Julius Caesar was very kind to me and valued the

work I provided.

"Tu es un jeune bosseur pour ta taille", disait-il.
"You are a hard working boy for your size", he would
say.

"Si tu grossis un peu et que tu prends aussi quelques années de bouteille, tu deviendras un excellent soldat dans nos rangs."
"When we put some meat on your bones and you get
a few more years under your belt we will have a fine
soldier in our ranks."

Mon travail en tant qu'employé de tente comprenant le montage et le démontage de la tente de César lorsqu'il était sur le champ de bataille.
My job as a tent keeper involved putting up and taking
down Caesar's tent when he was out on the
battlefield.

C'était une grosse tente, presque aussi grande qu'une maison romaine moyenne.
It was a large tent, almost as big as the average
Roman home.

Au moins une dizaine d'entre nous étaient requis pour placer les poteaux dans le sol.
It took at least a dozen of us to set the sturdy poles
into the ground.

Nous plaçions ensuite de gros morceaux de cuir de chèvre ou de veau sur le sommet des poteaux et nous les fixions au sol avec des piquets épais en bois.
We would then pull large sections of goat or calf hide

over the tops of the poles and anchor them to the ground with thick wooden stakes.

Malgré le dur labeur, nous riions souvent et nous aimions faire des plaisanteries comme, "Ce labeur est tellement dur et intense… dans des tentes… vous comprenez?"
Despite the hard work we often laughed and liked to crack jokes saying, "this work is so hard and intense … in tents ... get it?"

Apparemment il n'était pas nécessaire d'en faire beaucoup pour nous faire rire.
Apparently it didn't take much to make us laugh.

Une fois que la tente était montée, nous débarquions toutes les choses des chariots tirés par les mulets et nous les amenions dans la tente de César.
Once the tent was in place we would unload all the supplies from the donkey pulled carts and move them into Caesar's tent.

César avait tout ce dont il avait besoin dans sa tente; chaises et tables ainsi qu'un grand lit avec des peaux épaisses de mouton pour lui tenir chaud.
Caesar had everything he needed in his tent; chairs and tables as well as a large bed with thick sheepskins to keep him warm.

A côté de la grande tente de César, nous montions une plus petite tente où tous les esclaves pouvaient cuisiner ses repas et répondre à ses besoins journaliers.
Close by Caesar's huge tent we would set up a smaller tent where all the slaves could cook his meals and attend to his daily needs.

La tente de notre commandant était toujours montée loin de la bataille pour éviter la menace d'une attaque.
Our commander's tent was always erected far from the battle to avoid threat of attack.

Mais même une distance sûre ne pouvait effacer les bruits de la guerre.
But even a safe distance could not mask the sounds of war.

En réparent des déchirures sur les côtés de la tente, je pouvais facilement entendre le tonnerre des sabots de chevaux et le mortel fracas de métal lorsque deux épées se rencontrent.
While repairing tears in the tent walls I could easily hear the thunder of horse's hooves and the deadly clanging of metal as sword met sword.

La guerre en Gaule allait durer plus longtemps que prévu.
The war in Gaul would last longer than anyone expected.

Du début jusqu'à sa conclusion, elle allait durer presque neuf ans.
From beginning to end it would span almost nine years.

Mon service auprès de César commença lorsque j'avais onze ans et se poursuivit dans l'âge adulte.
My service to Caesar began when I was twelve and continued into adulthood.

Mais mes années d'employé de tente prirent fin

lorsque j'eus seulement dix-sept ans.
But my years spent as a tent keeper ended when I was just seventeen.

Pour mon dix-septième anniversaire, Jules César m'a offert la liberté avec des remerciements pour mes années de loyaux services.
On my seventeenth birthday I was granted my freedom by Julius Caesar with thanks for my years of loyal service.

Il m'a tout de suite été demandé de continuer à servir César en tant qu'homme libre, en devenant un soldat sous son commandement personnel.
Right away, I was asked to continue serving Caesar as a free man, by becoming a soldier under his personal command.

J'ai volontiers accepté l'offre de servir dans l'armée de César.
I accepted the offer to serve in Caesar's army gladly.

En tant qu'employé de tente, il m'avait traité de manière juste.
As a tent keeper he had treated me fairly.

Alors que j'avançais dans mon travail, les discussions entre soldats étaient toujours positives lorsqu'ils parlaient de leur chef.
While growing up on the job the talk among soldiers was always favourable when they spoke of their leader.

César partageait sa fortune avec ses soldats et les payait promptement.
Caesar shared his wealth with his soldiers and paid

them promptly.

Les soldats de César étaient également gratifiés de lopins de terre lors de leur retraite.
Soldiers under Caesar also were given parcels of land as rewards upon retirement.

"Pourquoi est-ce que je ne rejoindrais pas les rangs?", ai-je pensé. "Je serais idiot de ne pas le faire."
"Why wouldn't I join the ranks?", I thought to myself."I would be foolish not to."

Durant les années suivantes, j'ai combattu aux côtés de César.
In the years that followed I fought alongside Caesar.

Avec chaque bataille gagnée, nous avançions plus loin en Gaule, conquérant une tribu après l'autre, alors que nous allions vers l'ouest.
With every battle won we advanced further into Gaul, conquering one tribe after another as we moved west.

César gagnait la loyauté de ses soldats.
Caesar earned his soldier's loyalty.

Lorsqu'il commandait ses troupes en bataille, c'était César lui-même qui menait la charge.
When he commanded his troops in battle it was Caesar himself who led the charge.

Il était coriace en bataille; que ce soit sur son cheval ou au sol, César manipulait son épée avec beaucoup de talent.
He was fierce in battle; whether on his horse or on the ground, Caesar handled his sword with great skill.

Il était né pour combattre et ses hommes se battaient de leur plein gré à ses côtés.
He was born to fight and his men fought willingly by his side.

Nos batailles en Gaule n'ont pas toutes été des victoires.
Our battles in Gaul were not all victories.

Il y eut quelques revers.
There were some setbacks.

Lorsque César pensa avoir conquis la Gaule, une révolte éclata, menée par Vercingétorix.
Just when Caesar thought he had conquered Gaul a revolt erupted from within, led by Vercingetorix.

Le grand V, comme César allait l'appeler, s'est avéré être un adversaire de valeur.
The Big V, as Caesar would call him, proved to be a worthy opponent.

Cette nouvelle épine dans le pied de César a rapidement réuni toutes les tribus gauloises et a vaincu les troupes de César lors des batailles suivantes!
This new thorn in the side of Caesar quickly reunited the Gallic tribes and defeated Caesar's troops in the next few battles!

Mais César n'était pas prêt à abandonner ses nouveaux territoires conquis sans combattre.
But Caesar wasn't ready to give up his newly acquired territories without a fight.

Lors de la bataille d'Alésia, César et ses hommes ont encerclé Vercingétorix et sa garnison de 80 000 hommes.
In the Battle of Alesia, Caesar and his men were able to encircle Vercingetorix and his garrison of 80,000 men.

Sa stratégie était simple mais efficace.
His strategy was simple yet effective.

Il fit aménager une série de tranchées, complétées par des tours de garde tout autour de la ville.
He dug a series of trenches, complete with guard towers, around the whole town.

Incapable de recevoir de la nourriture ou des biens, le grand V a été forcé de capituler.
Unable to get food or supplies, the Big V was forced to surrender.

Cette bataille a maqué la fin de la campagne de Gaule et fait de César le vainqueur final.
This battle marked the end of the Gaul campaign and made Caesar the final victor.

Lorsque César est retourné à Rome, je l'ai suivi.
When Caesar returned to Rome I followed.

J'ai été bien remercié pour ma loyauté et attendais avec joie ma retraite de la dure vie militaire.
I had been rewarded nicely for my loyalty and was looking forward to my retirement the hard military life.

Alors que nous rentrions vers Rome, j'étais choqué de voir la désolation et la destruction devant moi.
As we retraced our steps back to Rome, I was

shocked to see the waste and destruction before me.

J'avais été un participant volontaire à tout ceci et je commençais à ressentir une honte immense et des regrets.
I had been a willing participant in all of this and was beginning to feel tremendous shame and regret.

Alors que nous poursuivions notre marche vers nos maisons, César demandait aux troupes de prendre des Gaulois comme esclaves dans les provinces conquises pour les vendre aux enchères à Rome.
As we continued our trek home Caesar directed the troops to take Gauls from the conquered provinces as slaves, to be put up for auction in Rome.

Il n'y avait pas que des hommes bien bâtis; femmes et enfants étaient aussi pris.
It wasn't just able bodied men; women and children were taken too.

Alors que nous arrivions à Rome, le chiffre des esclaves pris s'élevait en milliers.
By the time we got to Rome the head count of slaves taken, numbered in the thousands.

C'était quelque chose que je ne pouvais ignorer.
It was something I couldn't ignore.

Car j'avais été moi-même un esclave autrefois, j'ai été horrifié de voir un aspect de César dont je ne connaissais pas l'existence.
Being a slave once myself, I was horrified to suddenly see a part of Caesar that I never knew existed.

Alors que j'entrais par les portes de Rome, je me suis

demandé quel futur attendait le Grand César.
I wondered to myself, as I entered the gates of Rome,
what kind of future lay ahead for the Great Caesar.

Je pensais que j'avais perçu le regard de quelques
sénateurs renfrognés alors que nous arrivions en
ville.
Indeed I thought I caught a glimpse of a few frowning
senators as we headed into the city.

Est-ce que les citoyens romains, le célébrant avec
autant de ferveur maintenant, allaient avec le temps
changer d'opinion sur ce chef populaire?
Would the Roman citizens, cheering so wildly now,
eventually change their minds about this popular
leader?

Seul le temps nous le dirait…
Only time would tell …

Servilia – L'Autre Femme
Servilia – The Other Woman

Il y avait deux choses dans la vie de César qui lui étaient d'une grande importance.
There were two things in Julius Caesar's life that held great importance to him.

La première était une bonne bataille qui se terminait par une victoire pour lui et la seconde était l'amour d'une femme aimante.
The first was a good fight that ended with his truly being the only victor and the second was the love of a good woman.

Comme tous les Romains le savaient, César avait sa part des deux.
As every Roman knew well, Caesar had his share of both.

Ses conquêtes militaires étaient légendaires et il travaillait désormais à son troisième mariage.
His military conquests were legendary and he was currently working on his third marriage.

Si César n'avait jamais fait de moi sa femme, j'étais la personne qui avait embelli sa vie à travers deux de ces trois mariages.
While Caesar never made me a wife I was someone who had graced his life through two of these three marriages.

En fait, notre amitié spéciale avait déjà duré presque vingt-cinq ans.
In fact, our special friendship had already spanned almost twenty five years.

En remerciement des choses agréables que j'offrais à César, on m'avait donné une grande maison dans Rome avec tous les ornements qu'une personne de mon statut mérite et attend.
In appreciation for the good things I offered Caesar I was given a large house in Rome with all the trappings a person of my stature deserved and expected.

"Servilia, tu n'es pas qu'un joli visage parmi d'autres", murmurait-il dans mon oreille.
"Servilia, you are not just another pretty face," he would whisper in my ear.

"Tu mérites cela et bien plus encore".
"You deserve all of this and much more."

J'étais bien entendu d'accord de tout mon cœur avec ce que César disait.
I, of course, agreed wholeheartedly with everything Caesar said.

C'était définitivement vrai.
It was definitely true.

J'étais plus qu'un joli visage ; j'étais intelligente.
I was more than just a pretty face; I was smart.

César le savait et je le savais !

Caesar knew it and I knew it!

Lorsque j'étais en compagnie de César, j'allais toujours flirter avec lui comme une écolière.
Whenever I was in the company of Caesar I would flirt with him like a schoolgirl.

Et César répondait toujours comme un jeune homme fou d'amour.
And Caesar would always respond like a young lovesick boy.

Tellement que, à son retour de la campagne militaire en Gaule, il m'a ramené une magnifique perle noire en cadeau.
So much, in fact, that after returning from his military campaign in Gaul he brought me a beautiful black pearl as a gift.

Il a pensé à moi même au cœur de la bataille.
He thought of me even in the heat of battle.

Sa femme, Calpurnia, allait peut-être recevoir une bise officielle sur la joue, mais moi j'avais les pierres précieuses!
His wife, Calpurnia, might have received a ceremonious peck on the cheek but I got precious stones!

Durant les premières années de mon amitié avec César, il était absent la plupart du temps et il menait ses armées contre les ennemis de Rome.
In the early years of my friendship with Caesar he was away most of the time leading his armies against the enemies of Rome.

Pendant qu'il était loin, je restais avec le devoir d'élever mon unique fils.
While he was gone I was left with the job of raising my only son.

Le père de Brutus avait été tué des années auparavant.
Brutus's father had been killed years ago.

Lorsque César revint enfin à Rome, Brutus était devenu un bel homme.
By the time Caesar made his final return to Rome, Brutus had grown into a handsome man.

Il était devenu un homme d'état et peu après un membre du Sénat romain.
He had become a statesman and soon after that, a member of the Roman senate.

J'étais très fière de son succès et je pensais que César serait impressionné par lui également.
I was pleased with his success and I thought Caesar would be impressed with him as well.

Il allait s'avérer que je n'aurais pu me tromper plus.
As it turned out, I couldn't have been more wrong.

Lorsque César revint triomphalement des années de guerre, son goût pour le pouvoir se poursuivit dans les arènes politiques de Rome.
When Caesar returned triumphantly from years of war his taste for power continued in the political arenas of Rome.

Par respect et par peur, le Sénat romain nomma

César "dictateur à vie".
Out of respect and fear, the Roman Senate named Caesar "dictator in perpetuity".

Cela voulait dire que César allait rester au pouvoir aussi longtemps qu'il vivrait.
This meant that Julius Caesar would remain in power for as long as he lived.

L'idée de César étant au pouvoir aussi longtemps ne m'embêtait pas tant que ça.
The idea of Caesar being in power that long never bothered me much.

Après tout, il était l'aurige transportant les étoiles et j'étais son ardente supportrice.
After all he was the star charioteer and I was his adoring cheerleader.

Après toutes ces années, nous avions toujours une relation bénie.
After so many years, we were still a match made in heaven.

Mais désormais, il y avait des discussions entre les membres du Sénat sur le fait que la nouvelle position de César menaçait leur position et le Sénat lui-même.
But now there was talk among members of the Senate that Caesar's new position would threaten their position as well as the Senate itself.

Je connaissais tout de ces discussions car mon fils Brutus était un sénateur romain et mon demi-frère, Caton, était également un membre élu du Sénat.
I knew of all this talk because my son Brutus was a Roman senator and my half-brother, Cato, was an

elected Senate member as well.

Certaines nuits à la table du dîner, lorsque les membres de la famille se réunissaient, tout ce que je pouvais entendre étaient des remarques méchantes et à haute voix sur mon César.
Some nights at the dining room table, when family members gathered, all I could hear would be loud and nasty remarks about my Caesar.

J'ai gardé le silence pendant la plupart de ces discussions.
I remained silent during most of these discussions.

Ma famille n'était pas au courant de ma relation avec César et je n'allais pas vendre la mèche maintenant.
My family was not aware of my relationship with Caesar and I wasn't about to let the cat out of the bag now.

Une nuit, alors que je lisais tranquillement dans une autre pièce de ma maison, j'ai cru entendre mon fils Brutus dans la grande salle avec un grand nombre d'autres hommes invités.
One night, while I was quietly reading in another room of my house, I heard my son Brutus in the great room entertaining what sounded like a large number of other men.

J'ai reconnu la voix de Caton et de quelques autres, mais beaucoup m'étaient étrangers.
I recognised Cato's voice and a few of the others, but many were strangers to me.

A un moment, j'ai entendu Brutus crier:
At one point, I heard Brutus shouting:

"Et s'il supprime le Sénat et chacun à l'intérieur? Qu'est-ce qui adviendra de nous et qu'est-ce que cela voudra dire pour le peuple libre de Rome?"
"And what if he abolishes the Senate and everyone in it? What will become of us and what will this mean to the free people of Rome?"

Les remarques de Brutus étaient suivies par les autres et j'écoutais le souffle coupé alors que l'assemblée d'hommes se transformait en foule bruyante, assoiffée de sang.
Brutus' remarks were followed by others and I listened breathlessly as the crowd of men turned into a loud, blood thirsty mob.

Leur humeur était sombre et j'ai soudainement eu peur, non seulement pour César mais pour moi-même également.
Their mood was dark and I was suddenly afraid, not just for Caesar but for myself as well.

Que devais-je faire?
What should I do?

La question continua à me turlupiner pendant les mois suivants.
The question continued to plague me over the next few months.

Devais-je trahir ma famille et parler à César de ce que j'avais entendu ou devais-je tenir ma langue et rester silencieuse?
Should I betray my family and speak to Caesar about what I was hearing or keep my mouth shut and remain silent?

C'était une décision difficile et César ne la rendait pas plus facile.
It was a tough decision and one that Caesar wasn't making any easier.

Il était devenu de plus en plus ennuyeux.
He had become increasingly annoying.

Je lui avais envoyé quelques invitations récemment et il les avait toutes refusées.
I had sent a few invites his way recently and he had turned them all down.

C'était seulement après avoir entendu quelques esclaves discuter dans la cuisine ce matin-là que j'ai finalement compris.
It was only after hearing some of my slaves chattering in the kitchen this morning that I finally understood.

César m'ignorait car son attention était dirigée ailleurs.
Caesar was ignoring me because his attentions were going elsewhere.

Apparemment, César se prélassait avec cette terrible puce des sables, Cléopâtre.
It appeared Caesar was cozying up to that awful sand flea, Cleopatra.

La rumeur disait qu'il allait même l'amener à Rome et lui offrir un logement.
Rumour had it he was even bringing her to Rome and setting her up with her own apartment.

Comment avais-je pu être aussi aveugle!
How could I have been so blind!

Tout cela ne paraissait pas bien se passer.
Things didn't look good at all.

Les Derniers Jours de César.
The Last Days of Caesar

En tant que servante favorite de César, je passais la plupart des nuits éveillée pour répondre à ses demandes.
As Caesar's favourite servant I spent most nights awake answering his calls.

Ce jour-là n'allait pas être différent.
This day was no different.

De mes chambres, je pouvais entendre les cloches qui sonnaient depuis sa chambre à coucher.
From my chambers I could hear the bell beckoning me to his bedroom.

Alors que j'entrai dans la chambre, je pouvais voir sa femme Calpurnia enfiler une cape chaude au-dessus de ses habits de nuit.
When I entered the room I could see his wife Calpurnia pulling a warm cape over her night clothes.

"Il dit qu'il a mal à la tête," aboya-t-elle furieuse.
"He says he has a headache," she barked angrily.

"Je vais trouver un autre lit pour dormir." Elle se précipita vers moi alors que je me tenais devant la porte ouverte en attendant ses ordres.
"I will find another bed to sleep in." She stormed by me as I stood at the open door awaiting his

47

command.

"Oh ma brave Caesaris, apporte-moi quelques chose pour le tonnerre dans ma tête," gémit César.
"Oh, my dear Caesaris bring me something for the thunder in my head,"moaned Caesar.

"J'ai rapidement besoin de quelque chose avant de perdre tout contrôle."
"I need something quickly before I lose all control."

Je me suis immédiatement précipitée en bas vers la cuisine où j'ai préparé un thé chaud avec des herbes spéciales.
I immediately scurried down to the kitchen where I made a warm tea from special herbs.

Cela avait été un mois fatiguant pour mon maître.
It had been a trying month for my master.

Si ce n'était pas une chose, c'était une autre.
If it wasn't one thing, it was another.

Il était tout juste rentré à la maison après un week-end à l'extérieur, durant lequel il avait vaincu une autre rébellion dans une province voisine.
He had just returned home from a short weekend away, squashing yet another rebellion in a neighbouring province.

Il paraissait fatigué.
He looked tired.

Comme si combattre les rebelles n'était pas déjà assez, il y avait une ou deux batailles sur front du foyer qui rendaient l'hiver de 44 av. J.-C. plus frois

que d'habitude.
As if fighting the rebels wasn't already enough, there was a battle or two on the home-front that was making the winter of 44 BC colder than usual.

Ca n'allait pas fort entre César et Calpurnia.
Things between Caesar and his Calpurnia were going downhill.

Il y avait des discussions autour d'une autre petite amie et cela ne plaisait clairement pas à Calpurnia.
There was talk about another girlfriend and Calpurnia was clearly not amused.

Le climat au travail était également tendu.
The climate at work was heated as well.

Beaucoup de membres du Sénat de Rome étaient clairement mécontents de la manière de gouverner de César.
Many of Rome's Senate members were clearly unhappy with Caesar's leadership.

Ils lui avaient donné à lui seul le pouvoir de gouverner mais soudainement les Sénateurs interrogeaient leur propre décision.
They had given him the sole power to rule but suddenly the Senators were questioning their own decision.

Ils avaient désormais peur que César puisse abolir le Sénat, les laissant sans travail.
They were now worried that Caesar might abolish the Senate, leaving them without jobs.

J'avais travaillé dans la maison de César aussi longtemps que je pouvais m'en souvenir.
I had worked in the house of Caesar for as long as I could remember.

Parce que j'étais une servante de la maison de César, on m'avait attribué comme de coutume le nom de Caesaris.
Because I was a servant in the house of Caesar, I had been given the name Caesaris, as was the custom.

L'un de serviteurs plus âgés, qui nettoyait la salle de bain, a dit que j'avais été amenée à Rome après la campagne en Gaule.
One of the older servants who cleaned the bath house said I had been brought back to Rome after the Gaul campaign.

Je n'avais aucune idée de qui étaient mes parents ou s'ils étaient toujours en vie.
I had no idea who my parents were or whether they were even still alive.

Les soldats de César m'avaient trouvée, abandonnée et cachée dans la forêt.
I had been found by one of Caesar's soldiers, abandoned and hiding in the forest.

Par la grâce de César, j'avais été sauvée d'une mort rapide.
By the grace of Caesar I had been saved from a quick death.

J'étais toujours traitée par la plupart comme une servante, mais je savais que César avait trouvé une

place spéciale dans son grand cœur pour moi.
I was still treated by most as a servant but I knew that Caesar found a special place in his big heart for me.

Je gardais mes sentiments pour moi quand j'étais en compagnie des autres serviteurs de la maison mais quand j'étais seule avec César, j'éprouvais seulement de l'amour et de la gratitude.
I kept my feelings to myself when I was in the company of the other house servants, but when I was alone with Caesar, I felt only love and gratitude.

Je n'aurais pas pu, dans ma vie, me sentir plus proche d'avoir un père.
This was the closest I would ever come to having a father in my life.

César était assis sur le sofa lorsque je suis revenue avec son thé.
Caesar was sitting on the sofa when I returned with his tea.

Il le but doucement et ensuit parla.
He drank it slowly and then spoke.

"Ma Caesaris, tu es devenue une jolie jeune femme.
"My Caesaris, you have grown into a lovely young woman.

Je souhaite uniquement le meilleur pour toi dans le futur. Je veillerai à ce que tu ne sois pas abandonnée à nouveau."
I wish only the best for you in the days ahead. I will not see you abandoned again."

Les mots de César pesaient lourdement sur moi alors

que je sortais en silence de la chambre.
Caesar's words weighed heavily on me as I quietly exited the room.

On aurait dit que mon César se préparait pour les pires moments.
My Caesar almost sounded like he was preparing himself for the worst of times.

Je savais que César traversait dernièrement une mauvaise période, mais certainement ses ennemis reconnaîtraient leurs erreurs... je l'espérais du moins.
I knew Caesar was having a bad time of late, but surely his enemies would see the error of their ways ... or so I hoped.

Après tout, César avait été bon envers les Romains.
After all, Caesar had been good for Romans.

Avec des milliers de ses compatriotes derrière lui, il avait gagné de nouveaux territoires au-delà des frontières existantes de Rome.
With thousands of his countrymen behind him, he had won new territories well beyond the existing borders of Rome.

Ces conquêtes se sont accompagnées de grandes richesses.
With these conquests came great riches.

Les écrits disaient que César avait conquis au moins huit cents villes!
It was a matter of written record that Caesar had conquered at least eight hundred cities!

Il était un grand commandant militaire et encore un

meilleur homme d'état.
He was a great military commander and an even better statesman.

Il avait créé une force de police pour protéger ses gens, aboli des taxes irraisonnables et institué une loi qui réprimait l'extorsion.
He created a police force to protect his people, abolished unreasonable taxes and made a law forbidding extortion.

Il avait même produit le premier journal de Rome, l'Acta Diuma, qui rapportait les activités des chefs de gouvernement à l'Assemblée et au Sénat.
He even produced Rome's first newspaper, the Acta Diuma, which chronicled the activities of government leaders in the Assembly and the Senate.

En plus, il avait créé le calendrier julien qui remplaçait avec succès le calendrier romain.
In addition, he created the Julian calendar which successfully replaced the Roman calendar.

Plutôt pas mal, le pensais-je.
Not too shabby at all, I thought.

Plusieurs semaines plus tard, tout changea.
Several weeks later everything changed.

Ce matin lourd de destin, j'entendis Calpurnia pleurer dans sa chambre à coucher.
That fateful morning I heard Calpurnia crying inside her bedroom chamber.

Elle suppliait César de ne pas aller au travail.
She was begging Caesar not to go to work.

Calpurnia affirmait avoir eu un rêve qui l'avertissait qu'un événement tragique allait arriver.
Calpurnia was claiming a dream had warned her that a tragic event was about to occur.

César se moqua de l'avertissement et se dirigea vers le Sénat pour ce qu'il pensait être une journée normale de travail.
Caesar laughed the warning off and proceeded to the Senate for what he thought would be a normal day of business.

Dans l'après-midi, la maison de César était tombée dans un silence de mort.
By mid-afternoon, the house of Caesar was dead quiet.

Un messager était arrivé quelques heures auparavant pour informer Calpurnia de l'assassinat de César.
A messenger had arrived a few hours earlier to inform Calpurnia of the assassination of Caesar.

César était arrivé au Sénat ce matin-là en trouvant une foule de Sénateurs en colère l'attendant avec le meurtre en tête.
Caesar had arrived at the Senate that morning to find a mob of angry senators waiting with murder on their minds.

Selon les rapports qui ont été faits plus tard ce jour-là, il y avait au moins soixante assaillants dans le groupe.
According to reports that trickled in later that day,

there were almost sixty attackers in the group.

Ils avaient poignardé César vingt-trois fois!
Caesar had been stabbed twenty-three times!

Lorsque j'entendis la nouvelle, je me suis effondrée dans ma chambre en sanglotant.
When I heard the news I collapsed in my room, sobbing.

César était parti.
Caesar was gone.

Calpurnia m'avait traitée de manière suffisamment gentille mais il y avait toujours eu une distance entre nous.
Calpurnia treated me nicely enough but there was always a distance between us.

César était différent.
Caesar was different.

Il m'avait traitée avec uniquement de la bonté.
He had treated me only with kindness.

Dans le mois qui a suivi l'assassinat, j'ai appris plus de nouvelles, cette fois-là du testament de César, qui m'ont laissée sous le choc et très heureuse.
Within a month of the assassination I heard more news, this time from Caesar's last will and testament, that left me shocked and overjoyed.

César avait laissé dans son testament les instructions de me donner ma liberté à sa mort.
Caesar had left instructions in his will that I be freed

upon his death.

Comme de coutume à Rome, il était obligé de fournir à l'esclave libre une maison et des moyens de se protéger, et c'était une promesse qui m'avait été tenue.
As was the Roman custom, he was obliged to provide a freed slave with a house and a means of support and this promise to me was kept.

Aujourd'hui, plusieurs années plus tard, je songe à César au moins une fois par jour.
Now, many years later, I still think of Caesar at least once every day.

Je sais que César avait une fille légitime nommée Julia.
I know Caesar had a real daughter of his own named Julia.

Même si je ne pourrais jamais prétendre être sa descendance officielle, je remercie les dieux tous les jours de m'avoir offert un homme qui était comme un père pour moi; mon bienfaiteur et héros, le Grand Jules César.
While I could never claim to be his legal offspring, I thank the Gods daily for providing me with a man who was like a father; my benefactor and champion, the great Julius Caesar.

FRENCH

Le jeune Jules César

Mon sourire avait une drôle de manière de m'ouvrir les portes. Toutes les mères de mes amis pensaient que j'étais de loin le jeune homme le plus mignon, et mes bonnes manières ne me desservaient également pas. Alors que je frappais à la grande porte en bois de la maison de mon ami Jules César, sa mère Aurelia Cotta me fit entrer dans la maison. "Bienvenue Flavio", lâcha-t-elle avec un sourire. "Jules est tellement chanceux d'avoir un ami comme toi. "Reconnaissant, j'ai accueilli ses gentils mots avec un hochement de tête (et un grand sourire bien sûr), je me suis ensuite dirigé vers le patio où je savais que Julius jouait.

La maison de Jules était plutôt grande en comparaison des maisons romaines. En tout cas pas la plus grande de Rome, mais elle était au moins impressionnante. Le père de Jules était Gaius Julius César. Il était un magistrat connu et l'ancien gouverneur d'Asie. Aurelia Cotta venait aussi d'une des meilleures familles de Rome, c'est pourquoi la famille de César n'était pas pauvre. Leur maison se trouvait sur une grande colline avec vue sur la ville en-dessous.

Lorsque j'ai trouvé Jules, il s'amusait tout seul avec un jeu d'astragale. Le jeu se joue avec des petits morceaux d'os de moutons ou de chèvres. L'objectif de ce jeu est de jeter une poignée d'os dans les airs et d'en rattraper le plus possible sur le dessus de la main. Plus on utilise d'os, plus cela est difficile. Comme tu peux peut-être l'imaginer, ce n'était pas un jeu facile, mais Jules semblait apprécier le défi.

Oh, Flavio", cria Julius. "Je suis tellement content de te voir. J'étais en train de devenir fou, car je n'ai personne avec qui jouer. Bon, personne en dehors de ma sœur Julia – et la perspective de jouer à nouveau avec des poupées est bien plus que je ne pourrais supporter. " "Maintenant, nous pouvons jouer à la guerre. Toi, Flavio, tu es l'ennemi de Rome et je serai le grand César. Le meilleur soldat que Rome ait jamais vu ! ".

J'allais de suite me plaindre de devoir toujours jouer l'ennemi lorsque Jules me jeta une épée en bois provenant de sa boîte à jeux ; la poignée de l'arme atterrit à quelques centimètres de mes pieds. Durant la seconde suivante, Jules avait déjà sorti sa propre épée de la boîte et chargeait contre moi comme un taureau fou.

J'étais grand pour un garçon de dix ans et Jules était bien plus petit, mais je savais que si je n'agissais pas rapidement, je me serais retrouvé sur le dos à cause du Grand César, demandant grâce. Je me suis rapidement courbé pour attraper mon épée et détourna le premier coup de César avec le bord de ma lame. Notre grande bataille dura au moins cinq minutes avec des épées s'écrasant l'une contre l'autre, jusqu'à ce que je batte finalement en retraite. A la fin, comme prévu, le Grand César fut victorieux.

"Y'a-t-il quelque chose à manger ? ", demandais-je en frottant mon estomac. "Je pense que le Grand César peut trouver un morceau ou deux pour les vaincus", dit Jules en riant. "Que penses-tu d'un bol de figues et de miel ? "J'ai suivi César du patio jusqu'à l'arrière de la maison, où la culina ou cuisine se trouvait. Dans la cuisine de César, seulement des esclaves cuisinaient les plats mais aujourd'hui, la petite pièce était vide. "Ils doivent être dans le jardin pour collecter des herbes pour le repas de ce soir", dit Jules. "On dirait que nous devrons nous-même nous servir.

"Alors que nous étions tous les deux occupés à chercher le pot de miel dans le garde-manger, un rire familier retint notre attention. Derrière nous entra à ce moment-là la sœur de Jules, Julia, avec son amie Cornélia. "Oh mon Dieu, c'est seulement mon horrible sœur, " se plaignit César. "Comment oses-tu me parler ainsi ? ", répondit Julia. Avant que Jules ne puisse parler à nouveau, une grande cuillère de cuisine en bois vola dans les airs, le touchant directement sur le derrière. "Dans le mille! ", cria Julia. César, en représailles, commença à chasser les filles tout autour de la cuisine en m'encourageant à joindre la bataille. Alors que je suivais Jules comme un bon soldat, j'ai remarqué qu'il dépensait toute son énergie à essayer d'attraper Cornélia, et non Julia. Quand il l'attrapa finalement et qu'il la prit pas le bras, la jeune Cornélia protesta. "Ce n'est pas moi que tu veux Jules. " "Ce n'est pas vrai", dit César, après quoi tout le monde se mit à pouffer et à rire. Cornélia commença aussi à rougir. Alors les deux filles s'éloignèrent vers la maison, nous laissant tous les deux avec notre miel. "Une autre bataille remportée", ai-je fait remarquer à César, alors que nous mangions. "Presque remportée", continua-t-il. "Mais je vais un jour me marier avec cette fille. "Je l'ai cru sans l'ombre d'un doute. Mon ami Jules n'était pas juste un garçon ordinaire. Il y avait quelque chose de différent chez lui. Le temps allait nous dévoiler l'histoire.

Lorsque Jules avait seulement quinze ans, son père mourût et peu après sa vie entière commença à changer. Jusque là, nous étions restés proches, mais après la mort de son père, nous nous sommes éloignés. J'étais occupé à travailler dans la plantation de ma famille et me souciais des vignes, et Jules commença une carrière dans l'armée. Ses exploits comme soldat et commandant étaient le sujet des discussions de la ville. Malgré son jeune âge, Jules est rapidement devenu un grand soldat et, plus important encore, un grand meneur. Pendant les premières années, il y eut des rumeurs sur son mariage mais, pour des raisons inconnues, le mariage ne se fit jamais. Mais la raison était claire à mes yeux. Elle n'était tout simplement pas son grand amour. Plusieurs années plus tard, à l'âge de dix-huit ans, Jules César s'est enfin marié. La jeune mariée était la même fille qu'il avait pourchassée il y avait si longtemps dans la cuisine de son père : Cornélia !

Enlevé

Le jeune Jules César se trouvait à la proue du navire marchand romain de céréales et regardait la mer devant lui. Le garçon dont je m'occupais depuis quelques années était devenu un homme très beau.

En tant que son médecin personnel, je ne savais que trop bien quel homme capable Jules était devenu. Mais sa mère, qui se faisait toujours des soucis inutiles, s'imaginait que César ne pouvait pas nouer les lacets de ses sandales sans avoir une légion pour l'aider à ses côtés! J'avais été engagé pour surveiller l'enfant.

Le brouillard épais de la matinée commençait à se dissiper. Je rejoignis César sur le pont et nous avons regardé calmement tous les deux la percée du soleil à travers les nuages. Il était en route pour l'île de Rhodes afin d'étudier la philosophie, et j'avais été envoyé sur ce voyage avec lui par sa mère. Ce voyage à Rhodes devait être une courte mais bienvenue retraite pour tous les deux loin des sollicitations quotidiennes d'une ville de Rome trépidante.

Jules s'était assis sur un petit baril de rations et commença à lire un livre qu'il avait retiré de son manteau, et c'est alors que l'action a débuté. J'allais le laisser à ses études lorsqu'un coup bruyant et inquiétant vint secouer le navire. Si Jules n'avait pas été aussi fort et rapide, ce vieux docteur aurait été projeté au-dessus du navire sur le côté jusque dans la mer. J'ai murmuré un rapide Merci alors qu'il m'aidait à me remettre sur pied.

Nous nous sommes ensuite tous les deux retournés pour voir ce qui avait provoqué ce grand bruit et nous vîmes un plus petit bâteau sous pavillon étranger, qui se trouvait à l'est de notre poupe. Pris par suprise, nous nous sommes soudainement retrouvés au milieu d'un groupe peu accueillant de pirates brandissant des épées.

Un ami, qui accompagnait également Jules lors de ce voyage, sortit en titubant de la cale vers le pont. Son nom était Caro et il possédait une plantation pas loin de la ville de Rome. Nous étions tous trois pétrifiés en silence alors que la bande de pirates ciliciens embarquait sur la bâteau à céréales.

Nous avons tout de suite deviné que les pirates n'étaient pas intéressés par les céréales de valeur dans les cales du navire. A la place des céréales, ces pirates ont montré leur intérêt pour César lui-même et pour la rançon importante qu'ils pourraient en tirer.

Jules était un homme brave et courageux mais il savait qu'il était en infériorité numérique par rapport aux intrus. Les pirates ciliciens étaient une épine dans le pied de Rome depuis des années déjà. Mais ils constituaient un problème que les armées romaines ignoraient souvent, car ils apportaient esclaves et labeur gratuit aux nobles romains. Mais maintenant, avec une épée coupante dangereusement tenue à côté de la gorge de César, cela semblait une bien mauvaise pratique que celle d'ignorer les pirates.

Le pirate qui était clairement le chef approcha finalement de Jules. Il avait un méchant sourire sur le visage. Je savais qu'il était le chef, parce qu'il parlait le plus et qu'il avait un ventre plus gros que les autres. Il s'agissait d'un homme qui aimait clairement donner des ordres plutôt que de les recevoir.

"Mon cher Jules César, nous nous rencontrons enfin. Je suis triste que ce ne soit pas dans de meilleures circonstances mais les hommes de commerce, comme moi, doivent frapper quand l'opportunité se présente. "

"Bien sûr", répondit César. "Mais je suis surpris que, avec ta grosse taille, tu n'aies pas fait couler le navire et tout ce qu'il y a dessus lorsque tu es monté à bord aujourd'hui. "Le chef des pirates commença à rire.

"César, je savais que tu aurais de la valeur pour moi, mais je n'avais jamais pensé que tu serais amusant. Nous allons non seulement gagner une belle somme de vingt talents pour ta libération, mais nous allons également apprécier une ou deux plaisanteries. "

"Vingt talents, cria César avec énervement. Qui pensez-vous donc enlever ? Je vaux le double. Je peux vous garantir cinquante talents pour ma libération! "

Les pirates, qui recherchaient toujours une bonne affaire, acceptèrent l'offre de César immédiatement et sans aucune discussion. Les pirates ont ensuite fait débarquer César et moi-même du bâteau de céréales pour le navire des pirates. Caro a été relâché. Sa tâche était d'aller à la prochaine ville et de récolter la rançon.

Pendant les trente-huit jours suivants, Jules et moi-même étions captifs sur le navire des pirates. Alors que les jours passaient, j'étais surpris de voir à quelle rapidité César devenait ami avec ses ravisseurs. Il passait tout son temps à raconter des plaisanteries et à les faire rire. Il leur lisait de la poésie et leur récitait des discours. Si quelqu'un critiquait ses performances, il réagissait en les traitant de sauvages et en menaçant de les pendre en punition. Sa voix en retour amusait les pirates et ils le prenaient plus pour un simplet que pour un sage. Après trente-huit jours, Caro revint, la rançon avait été payée et on nous a rendu notre liberté. A ma suprise, plutôt que de poursuivre le voyage jusqu'à Rhodes, César se dirigea vers Milet où il paya navires et hommes pour prendre les pirates en chasse.

Entre-temps, sur le navire des pirates, le gros pirate et son équipage avait déjà oublié le jeune César. Ils étaient occupés à célébrer leur victoire lorsque soudainement un coup bruyant et inquiétant vint toucher le navire. Le gros pirate et son sac avec l'argent de la rançon volèrent dans les airs, s'écrasant contre un mur et retombant sur le sol.

Lorsqu'il se précipita sur le pont pour voir ce qui signifiait toute cette agitation, il fut horrifié lorsqu'il vit qu'un gros navire de guerre romain avait éperonné le côté de son bâteau. La roue avait soudainement tourné! Devant lui se tenait César, énervé, qui agitait son épée dans les airs avec une centaine de soldats romains derrière lui. Une courte bataille se déroula et tous les pirates furent capturés.

César a été un homme de parole. Comme promis, chacun des pirates fut mis à mort. César, de son côté, sortit de la bataille avec rien de plus qu'une égratignure. Alors que je bandais sa petite blessure, César regarda son vieux docteur. Tenant étroitement un sac plein de pièces, il dit,

"Je t'ai dit que je valais cinquante talents. " "César venait juste d'avoir le dernier mot! " pensais-je.

Macresco

J'avais à peine douze ans lorsqu'on m'avait envoyé travailler comme esclave avec les employés de tente sur la campagne militaire de César en Gaule. Le nom que les Romains m'avaient donné était Macresco, frêle en latin. Lorsque j'ai rencontré pour la première fois mon maître, le grand César, il m'a dit "Tu es si frêle que lorsque tu te mets de profil, tu disparaîs!" Ma stature petite et frêle était amusante pour certains, mais je m'assurais de toujours faire le travail.

Jules César était très gentil avec moi et appréciait le travail que je produisais. "Tu es un jeune bosseur pour ta taille", disait-il. "Si tu grossis un peu et que tu prends aussi quelques années de bouteille, tu deviendras un excellent soldat dans nos rangs. "

Mon travail en tant qu'employé de tente comprenant le montage et le démontage de la tente de César lorsqu'il était sur le champ de bataille. C'était une grosse tente, presque aussi grande qu'une maison romaine moyenne. Au moins une dizaine d'entre nous étaient requis pour placer les poteaux dans le sol.

Nous plaçions ensuite de gros morceaux de cuir de chèvre ou de veau sur le sommet des poteaux et nous les fixions au sol avec des piquets épais en bois. Malgré le dur labeur, nous riions souvent et nous aimions faire des plaisanteries comme, "Ce labeur est tellement dur et intense... dans des tentes... vous comprenez?" Apparemment il n'était pas nécessaire d'en faire beaucoup pour nous faire rire.

Une fois que la tente était montée, nous débarquions toutes les choses des chariots tirés par les mulets et nous les amenions dans la tente de César. César avait tout ce dont il avait besoin dans sa tente; chaises et tables ainsi qu'un grand lit avec des peaux épaisses de mouton pour lui tenir chaud. A côté de la grande tente de César, nous montions une plus petite tente où tous les esclaves pouvaient cuisiner ses repas et répondre à ses besoins journaliers.

La tente de notre commandant était toujours montée loin de la bataille pour éviter la menace d'une attaque. Mais même une distance sûre ne pouvait effacer les bruits de la guerre. En réparent des déchirures sur les côtés de la tente, je pouvais facilement entendre le tonnerre des sabots de chevaux et le mortel fracas de métal lorsque deux épées se rencontrent.

La guerre en Gaule allait durer plus longtemps que prévu. Du début jusqu'à sa conclusion, elle allait durer presque neuf ans. Mon service auprès de César commença lorsque j'avais onze ans et se poursuivit dans l'âge adulte. Mais mes années d'employé de tente prirent fin lorsque j'eus seulement dix-sept ans.

Pour mon dix-septième anniversaire, Jules César m'a offert la liberté avec des remerciements pour mes années de loyaux services. Il m'a tout de suite été demandé de continuer à servir César en tant qu'homme libre, en devenant un soldat sous son commandement personnel.

J'ai volontiers accepté l'offre de servir dans l'armée de César. En tant qu'employé de tente, il m'avait traité de manière juste. Alors que j'avançais dans mon travail, les discussions entre soldats étaient toujours positives lorsqu'ils parlaient de leur chef. César partageait sa fortune avec ses soldats et les payait promptement. Les soldats de César étaient également gratifiés de lopins de terre lors de leur retraite.

"Pourquoi est-ce que je ne rejoindrais pas les rangs?", ai-je pensé. "Je serais idiot de ne pas le faire.

"Durant les années suivantes, j'ai combattu aux côtés de César. Avec chaque bataille gagnée, nous avançions plus loin en Gaule, conquérant une tribu après l'autre, alors que nous allions vers l'ouest. César gagnait la loyauté de ses soldats. Lorsqu'il commandait ses troupes en bataille, c'était César lui-même qui menait la charge. Il était coriace en bataille; que ce soit sur son cheval ou au sol, César manipulait son épée avec beaucoup de talent. Il était né pour combattre et ses hommes se battaient de leur plein gré à ses côtés.

Nos batailles en Gaule n'ont pas toutes été des victoires. Il y eut quelques revers. Lorsque César pensa avoir conquis la Gaule, une révolte éclata, menée par Vercingétorix. Le grand V, comme César allait l'appeler, s'est avéré être un adversaire de valeur. Cette nouvelle épine dans le pied de César a rapidement réuni toutes les tribus gauloises et a vaincu les troupes de César lors des batailles suivantes!

Mais César n'était pas prêt à abandonner ses nouveaux territoires conquis sans combattre. Lors de la bataille d'Alésia, César et ses hommes ont encerclé Vercingétorix et sa garnison de 80 000 hommes. Sa stratégie était simple mais efficace. Il fit aménager une série de tranchées, complétées par des tours de garde tout autour de la ville. Incapable de recevoir de la nourriture ou des biens, le grand V a été forcé de capituler. Cette bataille a maqué la fin de la campagne de Gaule et fait de César le vainqueur final.

Lorsque César est retourné à Rome, je l'ai suivi. J'ai été bien remercié pour ma loyauté et attendais avec joie ma retraite de la dure vie militaire. Alors que nous rentrions vers Rome, j'étais choqué de voir la désolation et la destruction devant moi. J'avais été un participant volontaire à tout ceci et je commençais à ressentir une honte immense et des regrets.

Alors que nous poursuivions notre marche vers nos maisons, César demandait aux troupes de prendre des Gaulois comme esclaves dans les provinces conquises pour les vendre aux enchères à Rome. Il n'y avait pas que des hommes bien bâtis; femmes et enfants étaient aussi pris. Alors que nous arrivions à Rome, le chiffre des esclaves pris s'élevait en milliers.

C'était quelque chose que je ne pouvais ignorer. Car j'avais été moi-même un esclave autrefois, j'ai été horrifié de voir un aspect de César dont je ne connaissais pas l'existence. Alors que j'entrais par les portes de Rome, je me suis demandé quel futur attendait le Grand César. Je pensais que j'avais perçu le regard de quelques sénateurs renfrognés alors que nous arrivions en ville. Est-ce que les citoyens romains, le célébrant avec autant de ferveur maintenant, allaient avec le temps changer d'opinion sur ce chef populaire? Seul le temps nous le dirait...

Servilia – L'Autre Femme

Il y avait deux choses dans la vie de César qui lui étaient d'une grande importance. La première était une bonne bataille qui se terminait par une victoire pour lui et la seconde était l'amour d'une femme aimante.

Comme tous les Romains le savaient, César avait sa part des deux. Ses conquêtes militaires étaient légendaires et il travaillait désormais à son troisième mariage. Si César n'avait jamais fait de moi sa femme, j'étais la personne qui avait embelli sa vie à travers deux de ces trois mariages. En fait, notre amitié spéciale avait déjà duré presque vingt-cinq ans.

En remerciement des choses agréables que j'offrais à César, on m'avait donné une grande maison dans Rome avec tous les ornements qu'une personne de mon statut mérite et attend.

"Servilia, tu n'es pas qu'un joli visage parmi d'autres", murmurait-il dans mon oreille. "Tu mérites cela et bien plus encore".

J'étais bien entendu d'accord de tout mon cœur avec ce que César disait. C'était définitivement vrai. J'étais plus qu'un joli visage ; j'étais intelligente. César le savait et je le savais !

Lorsque j'étais en compagnie de César, j'allais

toujours flirter avec lui comme une écolière. Et César répondait toujours comme un jeune homme fou d'amour. Tellement que, à son retour de la campagne militaire en Gaule, il m'a ramené une magnifique perle noire en cadeau. Il a pensé à moi même au cœur de la bataille. Sa femme, Calpurnia, allait peut-être recevoir une bise officielle sur la joue, mais moi j'avais les pierres précieuses!

Durant les premières années de mon amitié avec César, il était absent la plupart du temps et il menait ses armées contre les ennemis de Rome. Pendant qu'il était loin, je restais avec le devoir d'élever mon unique fils. Le père de Brutus avait été tué des années auparavant.

Lorsque César revint enfin à Rome, Brutus était devenu un bel homme. Il était devenu un homme d'état et peu après un membre du Sénat romain.

J'étais très fière de son succès et je pensais que César serait impressionné par lui également. Il allait s'avérer que je n'aurais pu me tromper plus.

Lorsque César revint triomphalement des années de guerre, son goût pour le pouvoir se poursuivit dans les arènes politiques de Rome. Par respect et par peur, le Sénat romain nomma César "dictateur à vie".

Cela voulait dire que César allait rester au pouvoir aussi longtemps qu'il vivrait. L'idée de César étant au pouvoir aussi longtemps ne m'embêtait pas tant que ça. Après tout, il était l'aurige transportant les étoiles et j'étais son ardente supportrice. Après toutes ces années, nous avions toujours une relation bénie.

Mais désormais, il y avait des discussions entre les membres du Sénat sur le fait que la nouvelle position de César menaçait leur position et le Sénat lui-même. Je connaissais tout de ces discussions car mon fils Brutus était un sénateur romain et mon demi-frère, Caton, était également un membre élu du Sénat.

Certaines nuits à la table du dîner, lorsque les membres de la famille se réunissaient, tout ce que je pouvais entendre étaient des remarques méchantes et à haute voix sur mon César. J'ai gardé le silence pendant la plupart de ces discussions. Ma famille n'était pas au courant de ma relation avec César et je n'allais pas vendre la mèche maintenant.

Une nuit, alors que je lisais tranquillement dans une autre pièce de ma maison, j'ai cru entendre mon fils Brutus dans la grande salle avec un grand nombre d'autres hommes invités. J'ai reconnu la voix de Caton et de quelques autres, mais beaucoup m'étaient étrangers. A un moment, j'ai entendu Brutus crier:

"Et s'il supprime le Sénat et chacun à l'intérieur? Qu'est-ce qui adviendra de nous et qu'est-ce que cela voudra dire pour le peuple libre de Rome? "Les remarques de Brutus étaient suivies par les autres et j'écoutais le souffle coupé alors que l'assemblée d'hommes se transformait en foule bruyante, assoiffée de sang. Leur humeur était sombre et j'ai soudainement eu peur, non seulement pour César mais pour moi-même également.

Que devais-je faire? La question continua à me turlupiner pendant les mois suivants. Devais-je trahir ma famille et parler à César de ce que j'avais entendu ou devais-je tenir ma langue et rester silencieuse? C'était une décision difficile et César ne la rendait pas plus facile. Il était devenu de plus en plus ennuyeux. Je lui avais envoyé quelques invitations récemment et il les avait toutes refusées.

C'était seulement après avoir entendu quelques esclaves discuter dans la cuisine ce matin-là que j'ai finalement compris.

César m'ignorait car son attention était dirigée ailleurs. Apparemment, César se prélassait avec cette terrible puce des sables, Cléopâtre. La rumeur disait qu'il allait même l'amener à Rome et lui offrir un logement. Comment avais-je pu être aussi aveugle! Tout cela ne paraissait pas bien se passer.

Les Derniers Jours de César

En tant que servante favorite de César, je passais la plupart des nuits éveillée pour répondre à ses demandes. Ce jour-là n'allait pas être différent. De mes chambres, je pouvais entendre les cloches qui sonnaient depuis sa chambre à coucher. Alors que j'entrai dans la chambre, je pouvais voir sa femme Calpurnia enfiler une cape chaude au-dessus de ses habits de nuit.

"Il dit qu'il a mal à la tête," aboya-t-elle furieuse. "Je vais trouver un autre lit pour dormir. " Elle se précipita vers moi alors que je me tenais devant la porte ouverte en attendant ses ordres.

"Oh ma brave Caesaris, apporte-moi quelques chose pour le tonnerre dans ma tête," gémit César. "J'ai rapidement besoin de quelque chose avant de perdre tout contrôle. "

Je me suis immédiatement précipitée en bas vers la cuisine où j'ai préparé un thé chaud avec des herbes spéciales. Cela avait été un mois fatiguant pour mon maître. Si ce n'était pas une chose, c'était une autre. Il était tout juste rentré à la maison après un week-end à l'extérieur, durant lequel il avait vaincu une autre rébellion dans une province voisine. Il paraissait fatigué.

Comme si combattre les rebelles n'était pas déjà assez, il y avait une ou deux batailles sur front du foyer qui rendaient l'hiver de 44 av. J. -C. plus frois que d'habitude. Ca n'allait pas fort entre César et Calpurnia. Il y avait des discussions autour d'une autre petite amie et cela ne plaisait clairement pas à Calpurnia.

Le climat au travail était également tendu. Beaucoup de membres du Sénat de Rome étaient clairement mécontents de la manière de gouverner de César. Ils lui avaient donné à lui seul le pouvoir de gouverner mais soudainement les Sénateurs interrogeaient leur propre décision. Ils avaient désormais peur que César puisse abolir le Sénat, les laissant sans travail.

J'avais travaillé dans la maison de César aussi longtemps que je pouvais m'en souvenir. Parce que j'étais une servante de la maison de César, on m'avait attribué comme de coutume le nom de Caesaris. L'un de serviteurs plus âgés, qui nettoyait la salle de bain, a dit que j'avais été amenée à Rome après la campagne en Gaule.

Je n'avais aucune idée de qui étaient mes parents ou s'ils étaient toujours en vie. Les soldats de César m'avaient trouvée, abandonnée et cachée dans la forêt. Par la grâce de César, j'avais été sauvée d'une mort rapide.

J'étais toujours traitée par la plupart comme une servante, mais je savais que César avait trouvé une place spéciale dans son grand cœur pour moi. Je gardais mes sentiments pour moi quand j'étais en compagnie des autres serviteurs de la maison mais quand j'étais seule avec César, j'éprouvais seulement de l'amour et de la gratitude. Je n'aurais pas pu, dans ma vie, me sentir plus proche d'avoir un père.

César était assis sur le sofa lorsque je suis revenue avec son thé. Il le but doucement et ensuit parla. "Ma Caesaris, tu es devenue une jolie jeune femme. Je souhaite uniquement le meilleur pour toi dans le futur. Je veillerai à ce que tu ne sois pas abandonnée à nouveau. "

Les mots de César pesaient lourdement sur moi alors que je sortais en silence de la chambre. On aurait dit que mon César se préparait pour les pires moments. Je savais que César traversait dernièrement une mauvaise période, mais certainement ses ennemis reconnaîtraient leurs erreurs… je l'espérais du moins.

Après tout, César avait été bon envers les Romains. Avec des milliers de ses compatriotes derrière lui, il avait gagné de nouveaux territoires au-delà des frontières existantes de Rome. Ces conquêtes se sont accompagnées de grandes richesses. Les écrits disaient que César avait conquis au moins huit cents villes!

Il était un grand commandant militaire et encore un meilleur homme d'état. Il avait créé une force de police pour protéger ses gens, aboli des taxes irraisonnables et institué une loi qui réprimait l'extorsion. Il avait même produit le premier journal de Rome, l'Acta Diuma, qui rapportait les activités des chefs de gouvernement à l'Assemblée et au Sénat. En plus, il avait créé le calendrier julien qui remplaçait avec succès le calendrier romain. Plutôt pas mal, le pensais-je.

Plusieurs semaines plus tard, tout changea. Ce matin lourd de destin, j'entendis Calpurnia pleurer dans sa chambre à coucher. Elle suppliait César de ne pas aller au travail. Calpurnia affirmait avoir eu un rêve qui l'avertissait qu'un événement tragique allait arriver. César se moqua de l'avertissement et se dirigea vers le Sénat pour ce qu'il pensait être une journée normale de travail.

Dans l'après-midi, la maison de César était tombée dans un silence de mort. Un messager était arrivé quelques heures auparavant pour informer Calpurnia de l'assassinat de César. César était arrivé au Sénat ce matin-là en trouvant une foule de Sénateurs en colère l'attendant avec le meurtre en tête. Selon les rapports qui ont été faits plus tard ce jour-là, il y avait au moins soixante assaillants dans le groupe. Ils avaient poignardé César vingt-trois fois!

Lorsque j'entendis la nouvelle, je me suis effondrée dans ma chambre en sanglotant. César était parti. Calpurnia m'avait traitée de manière suffisamment gentille mais il y avait toujours eu une distance entre nous. César était différent. Il m'avait traitée avec uniquement de la bonté.

Dans le mois qui a suivi l'assassinat, j'ai appris plus de nouvelles, cette fois-là du testament de César, qui m'ont laissée sous le choc et très heureuse. César avait laissé dans son testament les instructions de me donner ma liberté à sa mort. Comme de coutume à Rome, il était obligé de fournir à l'esclave libre une maison et des moyens de se protéger, et c'était une promesse qui m'avait été tenue. Aujourd'hui, plusieurs années plus tard, je songe à César au moins une fois par jour. Je sais que César avait une fille légitime nommée Julia. Même si je ne pourrais jamais prétendre être sa descendance officielle, je remercie les dieux tous les jours de m'avoir offert un homme qui était comme un père pour moi; mon bienfaiteur et héros, le Grand Jules César.

ENGLISH

The life of Julius Ceasar

The Young Julius Caesar / The Adventures of Julius Ceasar

My smiling face had a funny way of opening doors for me. All the mothers of my friends thought I was just the cutest young boy and my good manners didn't hurt either. When I knocked on the large wooden door at the home of my buddy Julius Caesar, his mother Aurelia Cotta ushered me into the house.

"Welcome Flavio," she exclaimed with a grin. "Julius is so blessed to have a friend like you."

I graciously accepted her kind words with a nod of my head (and a big smile of course) then headed for the courtyard, where I knew Julius would be playing.

Julius's house was pretty big as Roman houses go. Not the largest in Rome, by any means, but impressive just the same. Julius's father was Gaius Julius Caesar. He was a well-known magistrate and former governor of Asia. Aurelia Cotta was also from one of the better families in Rome so Caesar's family was not poor. Their house sat on a large hill overlooking the city below.

When I found Julius he was amusing himself with a game of knucklebones. The game is played using the small knucklebones of sheep or goats. The object of the game is to throw a handful of knuckles into the air and have as many of them as possible land on the back of your hand. The more knuckles you used the more difficult. As you might imagine, it wasn't an easy game to play but Julius seemed to be enjoying the challenge.

"Oh Flavio," yelled Julius. "I am so glad to see you. I was beginning to go crazy having no one to play with. Well, no one but my sister Julia and the thought of playing with dolls again was just too much for me to endure."

"Now we can play a game of war. You Flavio can be the enemy of Rome and I will be the Great Caesar. The finest soldier Rome has ever seen!"

I was just about to complain about always being the enemy when Julius tossed me a wooden sword from his toy box; the handle of the blade landed inches from my feet. As the next second passed, Julius had already pulled his own sword from the box and was charging me like a raging bull.

I was a big boy for ten and Julius was much smaller but I knew if I didn't act quickly the Great Caesar would have been on my back begging for mercy. I bent over quickly to pick up my sword and deflected Caesar's first blow with the edge of my blade. Our big battle lasted for at least five minutes with swords crashing into one another until I finally retreated. In the end, as expected, the Great Caesar remained victorious.

"Is there anything to eat," I asked, rubbing my

stomach with hunger.

"I think the Great Caesar can find a morsel or two for the defeated, said Julius laughing. How does a bowl of figs and honey sound?"

I followed Caesar from the courtyard to the back of the house where the Culina or kitchen was located. In Caesar's kitchen only slaves cooked meals but today the small room was empty.

"They must be in the garden collecting herbs for tonight's meal," said Julius. "We will have to help ourselves it seems."

While the two of us were busy looking in the pantry for the sweet pot of honey some familiar laughter caught our attention. Behind us just entering the room was Julius's sister Julia and her good friend Cornelia.

"Oh God, it's just my ugly sister," Caesar complained.

"How dare you address me in such a manner," Julia responded.

Before Julius could speak again a large wooden stirring spoon came flying through the air, hitting him directly on his backside.

"Bull's-eye," Julia shouted.

Caesar, in turn, started chasing the girls around the kitchen encouraging me to join the battle. As I followed Julius like a good soldier I noticed he was spending all of his energy trying to catch Cornelia and not Julia. When he finally caught up with her and took her by the arm, the young Cornelia objected.

"It's not me that you want Julius."

"Not true," Caesar said, whereupon everyone began to giggle and laugh. Cornelia was also beginning to blush. With that both girls scampered off into the house leaving the two of us to our honey.

"Another battle won," I commented to Caesar as we ate.

"Almost won," he replied. "But I will marry that girl one day."

I believed him without a doubt. My friend Julius was not just another ordinary boy. There was something about him that was different. Time would tell the tale.

When Julius was only fifteen years of age his father died and soon after his whole world began to change. We had been close up until then but after his father's death we slowly grew apart. I was busy working on my family's plantation helping tend the vineyards and Julius was beginning a new career with the army.

His exploits as a soldier and then as a commander were the talk of the town. Despite his young age Julius quickly became a great soldier and more importantly, a great leader.

There had been a rumour in those early days that he was to marry but, for reasons unknown to most, the marriage never occurred. However, the reason was quite clear to me. She simply wasn't his true love.

Several years later at the age of eighteen Julius Caesar finally did marry. The bride was the very same girl he had chased so long ago in his father's kitchen; Cornelia!

Kidnapped

The young Julius Caesar stood at the bow of the roman grain ship and looked out at the sea before him. The boy I cared for years ago had grown quickly into a very handsome man.

As his personal physician I knew all too well how capable a man Julius had become. But his mother, a bit of a worry wart, had the idea that Caesar couldn't tie the laces of his sandals without a legion of helpers at his side! I was hired to babysit.

The heavy fog from earlier that morning was just beginning to lift. I joined Julius on the deck and we both quietly watched the sun break through the clouds. He was on his way to the island of Rhodes to study philosophy and I had been sent with him on this journey by his mother. This trip to Rhodes would be a short but welcome retreat from the daily demands of a busy Rome for both of us.

Julius had just settled down on a small keg of rations and was starting to read a book he had pulled out from under his cloak and that's when the action began. I was about to leave him to his studies when a loud and disturbing thud shook the ship. If it hadn't been for Julius's strength and speed this old doctor might have been thrown right over the side of the ship and into the sea. I mumbled a quick thank you as he steadied me on my feet.

Then we both turned to see what had caused such a loud noise and saw a smaller ship boasting a foreign flag hugging the east side of the stern. Caught by surprise, we were suddenly in the unwelcome company of sword wielding pirates!

A friend, who was also accompanying Julius on this trip, staggered to the deck from the hull below. His name was Caro and he owned a plantation not far from the city of Rome. The three of us stood frozen in silence as the band of Cilician pirates boarded the grain ship.

We knew immediately that the pirates were not interested in the valuable grain in the hull of the ship. Instead of wheat these pirates directed their interest to Caesar himself and the sizeable ransom they could get for his release.

Julius was a brave and courageous man, but he understood he was outnumbered by the intruders. The Cilician pirates had been a thorn in the side of Rome for years now. However, they were a problem the Roman armies often ignored because they brought the Roman nobility slaves and free labour. But now, with a sharp sword held dangerously close to Caesar's throat, the habit of ignoring the pirates seemed a poor practice.

The pirate who was clearly the leader eventually approached Julius. He had a wicked smile on his face. I knew he was the leader only because he talked the most and carried a belly bigger than the rest. He was a man who clearly enjoyed giving orders more than taking them.

"My dear Julius Caesar, we finally meet. I am sad it could not be under better circumstances but men of commerce, like myself, need to strike when the opportunity presents itself."

"Of course", Caesar responded. "But I am surprised considering your great size that you didn't sink this ship and all on it when you boarded her today."

The leader of the pirates began to laugh.

"Caesar, I knew you would be valuable to me but I never imagined you would be entertaining. Not only will we earn a hefty sum of twenty talents for your return but we will enjoy a joke or two as well."

"Twenty talents, Caesar shouted angrily. Who do you think you are kidnapping, anyway? I am worth twice that much. I will guarantee you fifty talents for my release!"

The pirates who were always in search of a good deal accepted the offer from Caesar right away and without argument. The pirates then took Caesar and I off the grain ship and onto the pirate ship. Caro was left behind. It was his job to travel on to the closest city and raise the ransom.

For the next thirty eight days Julius and I were held captive on the pirate's ship. As the days passed I was surprised to see how quickly Caesar made friends with his kidnappers. He would spend all of his time telling jokes and making them laugh. . He read them poetry and recited speeches. If anyone criticised his performances he would respond by calling them savages and threatened to hang them all as punishment. The pirates, on the other hand, viewed Caesar's tongue with amusement thinking him more simple than wise.

After thirty eight days Caro returned, the ransom was paid and we were given our freedom. Much to my surprise, instead of continuing his trip to Rhodes, Caesar proceeded to Miletus where he hired ships and men to give chase to the pirates.

Meanwhile, back on the pirate ship, the fat pirate and his crew had already forgotten about the young Caesar. They were busy celebrating their victory when suddenly a loud and disturbing thud shook the ship. The fat pirate and his bag of ransom money went flying through the air, crashing into a wall and falling to the floor.

When he rushed up onto the deck to see what all the commotion was about he was horrified to see a big Roman warship had rammed the side of his vessel. The tables had suddenly turned! Standing before him was Caesar waving his sword angrily in the air with a hundred Roman soldiers behind him. A short battle took place and all the pirates were captured.

Caesar had been a man of his word. As promised, each and every one of the pirates was put to death. Caesar, on the other hand, escaped the battle with no more than a scratch. While I was bandaging his small wound, Caesar looked down at his old doctor. Holding tightly to a bag of coins he spoke,

"I told you that I was worth fifty talents."

Caesar, I thought to myself, had just had the last laugh!

Macresco

I was barely twelve years old when they sent me to work as a slave with the tent keepers on Julius Caesar's military campaign in Gaul. The name given to me by the Romans was Macresco, which is Latin for skinny. When I first met my master, the great Caesar, he said "You're so skinny when you turn sideways you disappear!" My small thin frame was amusing to some, but I always managed to get the job done.

Julius Caesar was very kind to me and valued the work I provided. "You are a hard working boy for your size", he would say. "When we put some meat on your bones and you get a few more years under your belt we will have a fine soldier in our ranks."

My job as a tent keeper involved putting up and taking down Caesar's tent when he was out on the battlefield. It was a large tent, almost as big as the average Roman home. It took at least a dozen of us to set the sturdy poles into the ground.

We would then pull large sections of goat or calf hide over the tops of the poles and anchor them to the ground with thick wooden stakes. Despite the hard work we often laughed and liked to crack jokes saying, "this work is so hard and intense ... in tents ... get it?" Apparently it didn't take much to make us laugh.

Once the tent was in place we would unload all the supplies from the donkey pulled carts and move them into Caesar's tent. Caesar had everything he needed in his tent; chairs and tables as well as a large bed with thick sheepskins to keep him warm. Close by Caesar's huge tent we would set up a smaller tent where all the slaves could cook his meals and attend to his daily needs.

Our commander's tent was always erected far from the battle to avoid threat of attack. But even a safe distance could not mask the sounds of war. While repairing tears in the tent walls I could easily hear the thunder of horse's hooves and the deadly clanging of metal as sword met sword.

The war in Gaul would last longer than anyone expected. From beginning to end it would span almost nine years. My service to Caesar began when I was twelve and continued into adulthood. But my years spent as a tent keeper ended when I was just seventeen.

On my seventeenth birthday I was granted my freedom by Julius Caesar with thanks for my years of loyal service. Right away, I was asked to continue serving Caesar as a free man ,by becoming a soldier under his personal command.

I accepted the offer to serve in Caesar's army gladly. As a tent keeper he had treated me fairly. While growing up on the job the talk among soldiers was always favourable when they spoke of their leader. Caesar shared his wealth with his soldiers and paid them promptly. Soldiers under Caesar also were given parcels of land as rewards upon retirement.

"Why wouldn't I join the ranks?", I thought to myself. "I would be foolish not to."

In the years that followed I fought alongside Caesar. With every battle won we advanced further into Gaul, conquering one tribe after another as we moved west. Caesar earned his soldier's loyalty. When he commanded his troops in battle it was Caesar himself who led the charge. He was fierce in battle; whether on his horse or on the ground, Caesar handled his sword with great skill. He was born to fight and his men fought willingly by his side.

Our battles in Gaul were not all victories. There were some setbacks. Just when Caesar thought he had conquered Gaul a revolt erupted from within, led by Vercingetorix. The Big V, as Caesar would call him, proved to be a worthy opponent. This new thorn in the side of Caesar quickly reunited the Gallic tribes and defeated Caesar's troops in the next few battles!

But Caesar wasn't ready to give up his newly acquired territories without a fight. In the Battle of Alesia, Caesar and his men were able to encircle Vercingetorix and his garrison of 80,000 men. His strategy was simple yet effective. He dug a series of trenches, complete with guard towers, around the whole town. Unable to get food or supplies, the Big V was forced to surrender. This battle marked the end of the Gaul campaign and made Caesar the final victor.

When Caesar returned to Rome I followed. I had been rewarded nicely for my loyalty and was looking forward to my retirement the hard military life. As we retraced our steps back to Rome, I was shocked to see the waste and destruction before me. I had been a willing participant in all of this and was beginning to feel tremendous shame and regret.

As we continued our trek home Caesar directed the troops to take Gauls from the conquered provinces as slaves, to be put up for auction in Rome. It wasn't just able bodied men; women and children were taken too. By the time we got to Rome the head count of slaves taken, numbered in the thousands.

It was something I couldn't ignore. Being a slave once myself, I was suddenly horrified to see a part of Caesar that I never knew existed. I wondered to myself, as I entered the gates of Rome, what kind of future lay ahead for the Great Caesar. Indeed I thought I caught a glimpse of a few frowning senators as we headed into the city. Would the Roman citizens, cheering so wildly now, eventually change their minds about this popular leader? Only time would tell ...

Servilia – The Other Woman

There were two things in Julius Caesar's life that held great importance to him. The first was a good fight that ended with his truly being the only victor and the second was the love of a good woman.

As every Roman knew well, Caesar had his share of both. His military conquests were legendary and he was currently working on his third marriage. While Caesar never made me a wife I was someone who had graced his life through two of these three marriages. In fact, our special friendship had already spanned almost twenty five years.

In appreciation for the good things I offered Caesar I was given a large house in Rome with all the trappings a person of my stature deserved and expected.

"Servilia, you are not just another pretty face," he would whisper in my ear. "You deserve all of this and much more."

I, of course, agreed wholeheartedly with everything Caesar said. It was definitely true. I was more than just a pretty face; I was smart. Caesar knew it and I knew it!

Whenever I was in the company of Caesar I would flirt with him like a schoolgirl. And Caesar would always respond like a young lovesick boy. So much, in fact, that after returning from his military campaign in Gaul he brought me a beautiful black pearl as a gift. He thought of me even in the heat of battle. His wife, Calpurnia, might have received a ceremonious peck on the cheek but I got precious stones!

In the early years of my friendship with Caesar he was away most of the time leading his armies against the enemies of Rome. While he was gone I was left with the job of raising my only son. Brutus's father had been killed years ago.

By the time Caesar made his final return to Rome, Brutus had grown into a handsome man. He had become a statesman and soon after that, a member of the Roman senate. I was pleased with his success and I thought Caesar would be impressed with him as well. As it turned out, I couldn't have been more wrong.

When Caesar returned triumphantly from years of war his taste for power continued in the political arenas of Rome. Out of respect and fear, the Roman Senate named Caesar "dictator in perpetuity".

This meant that Julius Caesar would remain in power for as long as he lived. The idea of Caesar being in power that long never bothered me much. After all he was the star charioteer and I was his adoring cheerleader. After so many years, we were still a match made in heaven.

But now there was talk among members of the Senate that Caesar's new position would threaten their position as well as the Senate itself. I knew of all this talk because my son Brutus was a Roman senator and my half-brother, Cato, was an elected Senate member as well.

Some nights at the dining room table, when family members gathered, all I could hear would be loud and nasty remarks about my Caesar. I remained silent during most of these discussions. My family was not aware of my relationship with Caesar and I wasn't about to let the cat out of the bag now.

One night, while I was quietly reading in another room of my house, I heard my son Brutus in the great room entertaining what sounded like a large number of other men. I recognised Cato's voice and a few of the others, but many were strangers to me. At one point, I heard Brutus shouting:

"And what if he abolishes the Senate and everyone in it? What will become of us and what will this mean to the free people of Rome?"

Brutus' remarks were followed by others and I listened breathlessly as the crowd of men turned into a loud, blood thirsty mob. Their mood was dark and I was suddenly afraid, not just for Caesar but for myself as well.

What should I do? The question continued to plague me over the next few months. Should I betray my family and speak to Caesar about what I was hearing or keep my mouth shut and remain silent?

It was a tough decision and one that Caesar wasn't making any easier. He had become increasingly annoying. I had sent a few invites his way recently and he had turned them all down.

It was only after hearing some of my slaves chattering in the kitchen this morning that I finally understood. Caesar was ignoring me because his attentions were going elsewhere. It appeared Caesar was cozying up to that awful sand flea, Cleopatra. Rumour had it he was even bringing her to Rome and setting her up with her own apartment. How could I have been so blind!

Things didn't look good at all.

The Last Days of Caesar

As Caesar's favourite servant I spent most nights awake answering his calls. This day was no different. From my chambers I could hear the bell beckoning me to his bedroom. When I entered the room I could see his wife Calpurnia pulling a warm cape over her nightclothes.

"He says he has a headache," she barked angrily. "I will find another bed to sleep in." She stormed by me as I stood at the open door awaiting his command.

"Oh, my dear Caesaris bring me something for the thunder in my head," moaned Caesar. "I need something quickly before I lose all control."

I immediately scurried down to the kitchen where I made a warm tea from special herbs. It had been a trying month for my master. If it wasn't one thing, it was another. He had just returned home from a short weekend away, squashing yet another rebellion in a neighbouring province. He looked tired.

As if fighting the rebels wasn't already enough, there was a battle or two on the home-front that was making the winter of 44 BC colder than usual. Things between Caesar and his Calpurnia were going downhill. There was talk about another girlfriend and Calpurnia was clearly not amused.

The climate at work was heated as well. Many of

Rome's Senate members were clearly unhappy with Caesar's leadership. They had given him the sole power to rule but suddenly the Senators were questioning their own decision. They were now worried that Caesar might abolish the Senate, leaving them without jobs.

I had worked in the house of Caesar for as long as I could remember. Because I was a servant in the house of Caesar, I had been given the name Caesaris, as was the custom. One of the older servants who cleaned the bathhouse said I had been brought back to Rome after the Gaul campaign.

I had no idea who my parents were or whether they were even still alive. I had been found by one of Caesar's soldiers, abandoned and hiding in the forest. By the grace of Caesar I had been saved from a quick death.

I was still treated by most as a servant but I knew that Caesar found a special place in his big heart for me. I kept my feelings to myself when I was in the company of the other house servants, but when I was alone with Caesar; I felt only love and gratitude. This was the closest I would ever come to having a father in my life.

Caesar was sitting on the sofa when I returned with his tea. He drank it slowly and then spoke. "My Caesaris, you have grown into a lovely young woman. I wish only the best for you in the days ahead. I will not see you abandoned again."

Caesar's words weighed heavily on me as I quietly exited the room. My Caesar almost sounded like he was preparing himself for the worst of times. I knew Caesar was having a bad time of late, but surely his enemies would see the error of their ways ... or so I hoped.

After all, Caesar had been good for Romans. With thousands of his countrymen behind him, he had won new territories well beyond the existing borders of Rome. With these conquests came great riches. It was a matter of written record that Caesar had conquered at least eight hundred cities! He was a great military commander and an even better statesman.

He created a police force to protect his people, abolished unreasonable taxes and made a law forbidding extortion. He even produced Rome's first newspaper, the Acta Diurna, which chronicled the activities of government leaders in the Assembly and the Senate. In addition, he created the Julian calendar which successfully replaced the Roman calendar. Not too shabby at all, I thought.

Several weeks later everything changed. That fateful morning I heard Calpurnia crying inside her bedroom chamber. She was begging Caesar not to go to work. Calpurnia was claiming a dream had warned her that a tragic event was about to occur. Caesar laughed the warning off and proceeded to the Senate for what he thought would be a normal day of business.

By mid-afternoon, the house of Caesar was dead quiet. A messenger had arrived a few hours earlier to inform Calpurnia of the assassination of Caesar. Caesar had arrived at the Senate that morning to find a mob of angry senators waiting with murder on their minds. According to reports that trickled in later that day, there were almost sixty attackers in the group. Caesar had been stabbed twenty three times!

When I heard the news I collapsed in my room, sobbing. Caesar was gone. Calpurnia treated me nicely enough but there was always a distance between us. Caesar was different. He had treated me only with kindness.

Within a month of the assassination I heard more news, this time from Caesar's last will and testament, that left me shocked and overjoyed. Caesar had left instructions in his will that I be freed upon his death. As was the Roman custom, he was obliged to provide a freed slave with a house and a means of support and this promise to me was kept.

Now, many years later, I still think of Caesar at least once every day. I know Caesar had a real daughter of his own named Julia. While I could never claim to be his legal offspring, I thank the Gods daily for providing me with a man who was like a father; my benefactor and champion, the great Julius Caesar.

18076180R00059

Printed in Poland
by Amazon Fulfillment
Poland Sp. z o.o., Wrocław